Les promenades dans nos régions

D1387417

Textes de Marie-Hélène Carpentier et Valérie Guidoux

Merci aux illustrateurs de Gallimard Jeunesse et des Guides Gallimard :

V. Brunot, I.-A. Chatellard, F. Lieval, M. Gros, J.-M. Lanusse, S. Girel, C. Totems, C. Adams, S. Serprix, E. Gillion, S. Pérols, M. Lagarde, I. Lapper, J.-O. Héron, D. Héron, F. Place, P. Poulain, G. Curiace, J. Wilkinson, C. Lachaux, J.-P. Chabot, A. Bodin, F. Desbordes, C. Felloni, H. Goger, P. Lhez, I. Lapper, J.-M. Kacédan, F. Cusson, C. Rivière, M. Pommier, R. Sabatier, N. Claveloux.

Offert par les stations ELF et ANTAR
✳ GUIDES GALLIMARD

Le moulin de Fontvielle, dans les Bouches-du-Rhône.

Le remblai des Sables-d'Olonne, en Vendée, dans les années 1930.

Un pêcheur de la baie du Mont-Saint-Michel.

LES PROMENADES DANS NOS RÉGIONS

Douze promenades pour découvrir en famille à quel point la France peut être belle, en robe d'été. Douze voyages au fil du temps : des mégalithes au débarquement, une croisière d'un jour au fil de l'eau, un aller retour en train à crémaillère, un pèlerinage au long des

Sigonce, village de plaine provençal, dans les Alpes-de-Haute-Provence.

grèves, et des villages d'artistes, quelques balades gastronomiques : des huîtres en Vendée, du vin en Alsace, des fromages en Corse... Un livre de découverte vous entraînera de chaumière en château, et des bords de la mer au sommet des montagnes, dans le plus beau des tours de France.

La prunelle est une baie sauvage excellente en confiture.

Devanture d'un café de style rococo dans le sud de la Bretagne.

La petite-tortue est un papillon que l'on peut apercevoir dans toute la France, d'avril à septembre.

SOMMAIRE

3

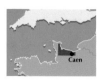

Caen

NORMANDIE

La libération de la France
pendant la Seconde Guerre
mondiale commence sur les
plages normandes, le 6 juin
1944. Les plages d'Utah
et d'Omaha puis la pointe
du Hoc sont investies par
les Alliés peu après le lever
du soleil. Après avoir vaincu
le mur de l'Atlantique,
les Alliés entament la bataille
de Normandie. La résistance
opiniâtre des Allemands et
la volonté du général
Montgomery d'anéantir

**Depuis 1980,
le musée-mémorial
de Bayeux présente
chronologiquement
et sous forme de
thèmes la bataille
de Normandie,
marquée par 77 jours
de combats.**

Le musée-mémorial
pour la Paix, inauguré
en 1989 à Caen,
se dresse sur
une construction
souterraine installée
par l'armée allemande
Il retrace l'histoire
du xxe siècle.

Cherbourg

Utah Beach

Pointe du Hoc

Omaha Beach

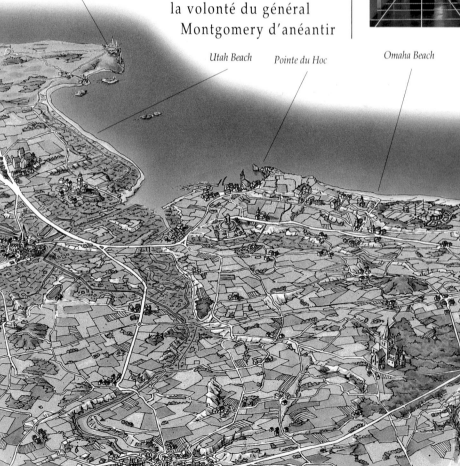

Le débarquement, au jour J (6 juin), sur la plage d'Omaha Beach (ci-contre), est des plus sanglants. 3 000 Américains seront tués, 3 000 autres blessés ou portés disparus. À la pointe du Hoc (en bas), d'autres Américains résisteront seuls aux attaques ennemies durant deux jours.

Les rangers disposent d'échelles de corde propulsées par des fusées et de grappins.

Bayeux

leurs défenses entraîneront la destruction de nombreuses villes normandes. Pour libérer Caen, fortement occupée par l'armée allemande, les Alliés doivent la bombarder à plusieurs reprises, au point de la détruire. Il faudra quinze ans pour reconstruire le nouveau Caen. Il n'y aura ni combat ni destruction dans Bayeux. Première ville française libérée par l'infanterie britannique, elle devient le

siège du gouvernement provisoire. Cette ville peut s'enorgueillir aujourd'hui de sa cathédrale, Notre-Dame, du XIIe siècle, et de la tapisserie (XIe siècle) dite de la reine Mathilde.

Uniformes américains : pilote de bombardier en tenue de vol ; soldat de troupe aéroportée avec parachute de secours, havresac, mitraillette, grenade et poignard ; G I avec havresac, pelle-bêche et casque de camouflage.

Uniformes britanniques : tenue réglementaire bleu foncé pour l'officier des Forces aériennes françaises libres ; tenue de l'armée britannique ou américaine pour ce soldat français des FFL. Seuls béret et insignes de l'armée française sont conservés. Le pilote de planeur britannique porte un harnachement complet et le casque habituel de parachutiste.

le Mont-Saint-Michel

MONT-SAINT-MICHEL

Le *scriptorium*, ou salle des Chevaliers, en référence aux 119 vaillants défenseurs du Mont lors de la guerre de Cent Ans, était le lieu de travail des copistes.

Le cloître était réservé aux moines, qui y méditaient, lisaient ou conversaient. Sa grande originalité réside dans la disposition unique de ses colonnettes, décalées en quinconce.

Ni normande ni bretonne, la baie du Mont-Saint-Michel, ce site unique, théâtre des plus impressionnantes marées d'Europe, sert d'écrin à un joyau de l'architecture médiévale. Haut lieu de pèlerinage pour tout l'Occident, l'abbaye bénédictine acquiert au XIIᵉ siècle, sous l'impulsion de Robert de Torigni, abbé du Mont, une réputation exceptionnelle, grâce à la bibliothèque et au *scriptorium*, où les moines copistes composent les premiers recueils liturgiques, qui transformeront le Mont et la baie en un site biblique.

La grévine, race rustique locale, a gardé, malgré des croisements récents, tête et pattes noires. Le mouton de pré-salé broute des pâturages particuliers, les herbus.

Emplacement de l'hôtellerie de Robert de Torigni

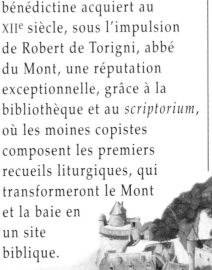

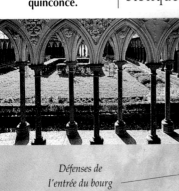

Défenses de l'entrée du bourg

L'église abbatiale est la pièce maîtresse des constructions édifiées par les moines.

Possédant la zone côtière de Granville à Cancale, elle reçoit le soutien des rois de France, qui saisissent son intérêt politique, jusqu'au XVIe siècle, époque où les bâtiments sont laissés à l'abandon. La Révolution entraîne la fermeture du Mont, et l'abbaye est transformée en prison de 1793 à 1863. Depuis 1969, une communauté bénédictine de cinq moines perpétue une tradition de prière.

Logis abbatiaux
ou crypte
Saint-Martin

Seule l'entrée des deux siphons qu'elle laisse en s'enfouissant indique la présence d'une coque.

Le pêcheur à pied utilise une bichette à cornes, filet tendu par deux perches courbées à leur extrémité, qui glisse sur le sable, soulevant crevettes et poissons plats.

Il porte une hotte, ou dossier, dont le fond est doublé d'une toile pour tenir son dos au sec.

Tour Boucle

La galette de sarrasin constitua pendant des siècles la base de l'alimentation paysanne. En basse Bretagne, la galette est consommée telle quelle avec du beurre et demande une pâte fine et légère.

Ingrédients : 500 g de farine de sarrasin, 1 pincée de sel, un peu d'eau. Travailler énergiquement farine et sel dans une terrine pendant 10 mn. Incorporer l'eau jusqu'à ce que la pâte devienne onctueuse et coulante. Ne pas laisser reposer la pâte.

Faites vos galettes et placez un morceau de beurre avant de servir.

CARNAC

La plus extraordinaire concentration de mégalithes a donné son nom à Carnac, qui signifie «le lieu où il y a des monticules de pierre». Très tôt, les érudits et notables morbihannais s'intéressant à la préhistoire de leur région explorèrent les grands tumulus du département : Tumiac, à Arzon, en 1853, puis Saint-Michel, le Moustoir à Carnac, le Mané-Lud et le Mané er Hroueg à Locmariaquer. De ces fouilles expéditives, menées par James Miln, un érudit écossais, puis par son

successeur, Zacharie Le Rouzic, proviennent les magnifiques haches polies en jadéite (pierre dure de couleur verte) et en fibrolite (pierre blanche tachetée que l'on trouve sous forme de galets sur les rivages du Morbihan et

Stèles gravées, colliers de pierres précieuses, hache à douille polie en bronze et haches votives, datant du néolithique, ont été trouvées non loin de Carnac.

Saint-Colomban

Alignements
de Kermario

Alignements
de Kerlescan

Carnac Plage

Carnac

Alignements
du Menec

Le musée Miln-
Le Rouzic, inauguré
en 1985, présente
la collection la plus
riche du monde
concernant les
peuples néolithiques
qui, de 5 000 à 2 000
av. J.-C., ont élevé
ces «mégalithes».
500 000 objets
provenant de 130 sites
archéologiques sont
exposés dans un ordre
chronologique.

du Finistère), ainsi que les
perles en callaïs (minerai rare
de couleur verte, apparenté à
la turquoise) – trouvées sous
le tumulus Saint-Michel –,
qui font la gloire des musées
de Vannes et de Carnac.

Il est important de
visiter dans l'ordre
les alignements
de Kerlescan, de
Kermario et du Menec
car la progression du
nord-est vers le sud-
ouest suit le
mouvement solaire qui
aurait présidé à
la construction.

9

Il fallut trois siècles (XIIIe-XVe) pour édifier la cathédrale Saint-Corentin, à Quimper, l'une des premières constructions gothiques de Bretagne.

Le château de Kerambleiz, édifié au XIXe siècle, est visible de loin dans son magnifique parc. C'est aujourd'hui un hôtel.

Érigée derrière Porz-ar-Gwin, cette chapelle seigneuriale du XVIe siècle est dédiée à saint Cadou, le patron des guerriers et des lutteurs.

FINISTÈRE SUD

Au XIXe siècle, on canalise l'Odet et la construction de nouveaux ponts fait reculer le port de Quimper. La vallée de l'Odet est un bijou rare. L'Antiquité l'apprécie d'abord pour la qualité de son argile, dont l'exploitation (gisement de Toulven), à partir du XVIIe siècle, rendra prospères les manufactures de faïences et de grès. Les bâtisseurs de châteaux, sensibles à la beauté et à la position stratégique du lieu, parsèment ses rives de très belles demeures. On y trouve aussi ces innombrables chapelles qui, de Quimper à Bénodet, accompagnent les seize kilomètres de vallée de ce petit fleuve qui trace la frontière entre pays bigouden et pays fouesnantais.

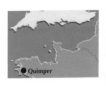

EN DESCENDANT L'ODET

Aucune route, aucun chemin piéton ne longe les rives de l'Odet. Il faudra visiter à la godille, au rythme des marées, d'une rive à l'autre, sauter à terre et s'aventurer.

La route dite des châteaux, sur la rive droite, autorise l'accès aux cales mais on ne voit des châteaux que leurs entrées et la rivière est éloignée de la route. Sur la rive gauche, les petites routes de la commune de Gouesnach s'enfoncent au plus profond du pays : l'idéal est de s'y perdre à vélo.

VENDÉE

Il est 18 heures, quatre hommes sont attablés. La partie qui va suivre s'annonce endiablée. L'aluette, la «vache» en Vendée, est un jeu (pour tous !) où les signes et les consignes sont primordiaux car ils ont pour but de tromper l'adversaire. La première équipe qui additionnera cinq points sera gagnante.

Dans son jeu : «borgne» et «monsieur».

Dans leurs jeux : «deux-d'écrit» et «grand neuf»

Dans leurs jeux : «deux-de-chaîne» et «la vache».

Le Marais breton est la porte d'accès aux îles d'Yeu et de Noirmoutier, dans le nord du département. Il s'étend sur 40 000 ha, et comprend les marais de Monts, de Bouin et de Machecoul. C'est l'homme qui, entre le XIe et le XVe siècle, façonna ce paysage en créant digues et chaussées pour l'aménagement de marais salants. Ceux-ci couvraient des milliers d'hectares en arrière de la côte, de la baie

de Bourgneuf au Marais poitevin. Depuis l'abandon de la saliculture, les envois de marées apportent l'eau nécessaire aux nouveaux usages d'un marais voué à l'élevage, tels que conchyliculture (élevage des coquillages comestibles) et bassins à poissons. Au nord, les ports de Beauvoir-sur-Mer

Irrigués par des eaux riches en plancton, les estrans vendéens se prêtent très bien à l'élevage des huîtres et des moules, notamment dans le Marais breton et la baie de l'Aiguillon.

Le chaland ostréicole est un bateau à fond plat qui permet de travailler dans très peu d'eau. Il s'échoue sans dommage.

Les marais salants sont encore exploités dans les marais d'Olonne et surtout sur l'île de Noirmoutier. En dehors de la période de récolte du sel (l'été), les paludiers, ou sauniers, entretiennent leurs marais : réparation des digues, rayage de la vasière et nettoyage de la saline.

Bouin

Beauvoir-sur-Mer

Noirmoutier

Fromentine

La Barre-de-Monts

Saint-Jean-de-Monts

Demeure de domestiques agricoles et bordiers, la bourrine, construction en terre à couverture végétale (terre et roseaux étaient prélevés sur place), est constituée de deux pièces à feu : une salle commune et une pièce servant à la fois de «boulangerie» et de chambre.

et de Bouin, autrefois accessibles aux navires marchands, se sont consacrés à l'ostréiculture. Au sud, le large cordon de dunes côtières de Saint-Jean-de-Monts a permis d'attirer un important tourisme balnéaire.

La bourrine se caractérise par des façades peu élevées et de petites ouvertures.

Saint-Jean-
Pied-de-Port

PAYS BASQUE

Sport associant force et dextérité, la pelote occupe une place de choix dans la vie des Basques, comme en témoigne le fronton qui s'élève dans chaque village. On distingue les jeux anciens, directs,

où les équipes se renvoient la balle d'un camp à l'autre, et les jeux modernes, indirects, où les équipes, face au fronton, lancent la pelote contre le mur et la reprennent du premier bond ou de volée, à l'intérieur d'un terrain aux limites définies. Les joueurs utilisent des gants de cuir ou d'osier (ci-dessous).

À Saint-Jean-Pied-de-Port, on peut admirer du pont Neuf les maisons anciennes, le pont Notre-Dame et l'église (ci-contre) se détachant sur la colline de la citadelle.

Saint-Jean-Pied-de-Port, entourée de remparts construits au XIIIe siècle, doit son nom à sa situation au pied du col de Roncevaux. Les paysages toujours verdoyants de cette région navarraise lui valent le nom de «jardin de Navarre» depuis le Moyen Âge. Foires et marchés lui conservent son rôle traditionnel de carrefour commercial, lorsque la ville était une étape obligée des voyageurs et des pèlerins de Compostelle vers Pampelune. Sur la route de la Rhune, les vignes d'Irouléguy semblent elles aussi inchangées depuis l'époque des moines de Roncevaux. Situées au pied du col d'Ibaneta, elles constituent le plus petit vignoble de France.

Un petit train à crémaillère grimpe en 1/2 heure depuis le col de Saint-Ignace, après Sare, jusqu'à la Rhune. Ses wagons de bois, conçus en 1924, sont toujours en activité et régulièrement revernis.

Les Aldudes

Esnazu

Urepel

Lorsque Henri IV annexa la Basse-Navarre en 1607, le monastère de Roncevaux se trouva séparé de ses vignes par la frontière. Les familles locales en reprirent alors l'exploitation.

Sare offre un paysage de vallons boisés où les champs sont clos au moyen de larges dalles, descendues de la Rhune par des chariots à bœufs. Dernier sursaut des Pyrénées vers le littoral atlantique, la Rhune est la montagne mythique des habitants du Labourd, l'une des trois provinces constituant le Pays basque.

Image emblématique du Pays basque, la maison traditionnelle possède deux pans de toit symétriques, souvent modifiés par des extensions latérales ; la symétrie réapparaît parfois, à l'occasion d'un nouvel agrandissement.

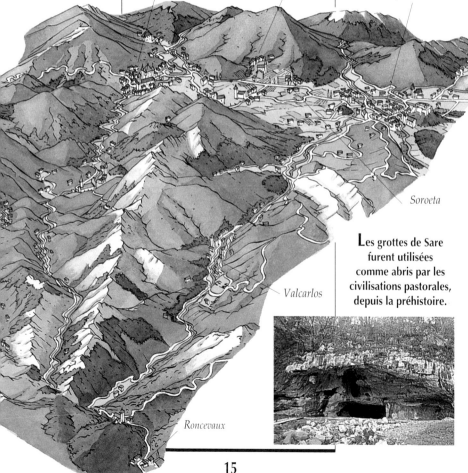

Saint-Étienne-de-Baïgorry

Irouléguy

Saint-Jean-Pied-de-Port

Soroeta

Les grottes de Sare furent utilisées comme abris par les civilisations pastorales, depuis la préhistoire.

Valcarlos

Roncevaux

Renouant avec son passé, l'amphithéâtre abrite depuis le milieu du XIXᵉ siècle des corridas très prisées des aficionados.

Dans la course camarguaise, ou course à la cocarde, l'enjeu consiste à enlever les attributs fixés sur et entre les cornes de six taureaux qui se succèdent en piste.

Les moments forts de l'élevage taurin donnent lieu à des fêtes, surtout en Camargue, où le marquage est suivi de la conviviale *ferrade*, qui consiste à appliquer la marque de la *manade*, c'est-à-dire du troupeau, sur la cuisse du jeune taureau.

ARLES

La fondation d'Arles remonte au VIᵉ siècle av. J.-C., lorsque des Grecs venus de Phocée, après avoir créé Marseille, se sont tournés vers le Rhône,

Rhône

IRPA

puissante artère pénétrant jusqu'au cœur de la Gaule. César comprend l'intérêt stratégique du site d'Arles, au croisement du fleuve et de la route reliant l'Italie à l'Espagne. Dès 46 av. J.-C., il crée une colonie avec les vétérans de la VIᵉ Légion. Forum, théâtre, thermes et places publiques apparaissent sous le principat d'Auguste, vers 30 av. J.-C. Cent ans plus tard, sous les empereurs flaviens, sont édifiés cirque, amphithéâtre et installations

L'IRPA, l'Institut de recherche sur la Provence antique, est le musée de l'Arles antique.

Le torse d'Auguste, statue colossale qui fut découverte dans les ruines du théâtre antique, y est exposé.

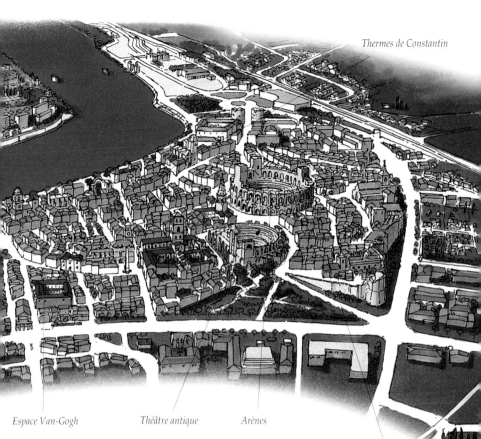

Thermes de Constantin

Espace Van-Gogh *Théâtre antique* *Arènes*

Remparts romains

Les thermes de Constantin jouaient à la fois le rôle de piscine municipale, de bains publics et de lieu de rencontre. Le bâtiment original était plus vaste que ce qu'en laissent apparaître ses ruines. Une piscine pavée de marbre est encore visible.

portuaires. Favorisée par l'empereur Constantin, Arles devient résidence impériale et préfecture des Gaules vers 392-394. Conquise par les Wisigoths en 480, puis par les sarrasins en 730, la ville garda néanmoins son prestige. Aujourd'hui, Arles valorise son patrimoine culturel, en particulier les édifices romains qui ont été classés monuments historiques par l'Unesco.

L'amphithéâtre fait partie des vingt plus grands du monde romain. S'y déroulaient les combats de gladiateurs.

Aimé Maeght et sa femme Marguerite ont consacré leur vie à la promotion de l'art contemporain. Pour mieux le diffuser, ils ont créé en 1964 une fondation, aujourd'hui devenue un haut lieu de l'art international. Peintres et sculpteurs ont lié leurs œuvres aux bâtiments et aux espaces ouverts. Le *Labyrinthe Miro*, céramique ronde, date de 1973.

DE GRASSE À SAINT-PAUL-DE-VENCE

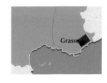

Capitale de la parfumerie au XIXᵉ siècle, Grasse abrite aujourd'hui un Musée international de la parfumerie. La cathédrale, les rues tortueuses de la vieille ville et le cours Honoré-Cresp sont l'occasion d'une agréable promenade. La montée au site de Gourdon, haut perché sur un piton rocheux en nid d'aigle, peut se faire

Le citron fut introduit à Nice à la fin du Moyen Âge. Aujourd'hui, 70 % des citrons cultivés en France proviennent des Alpes-Maritimes.

De tous les arbres porteurs d'agrumes, le citronnier est l'arbre le plus rustique et le plus prolifique. La principale variété est le citronnier des quatre saisons, qui porte fleurs et fruits en même temps.

Grasse   Châteauneuf   Gourdon   Tourettes-sur-Loup

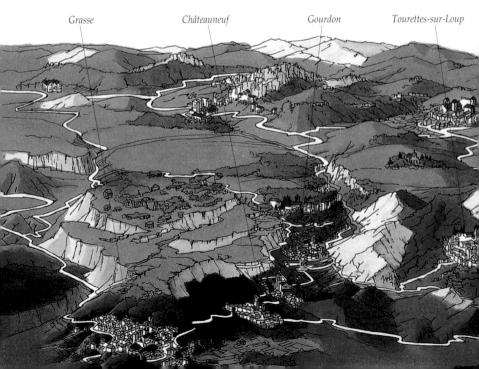

La chapelle du Rosaire, dite chapelle Matisse, à Vence, est reconnaissable à sa haute croix de 13 m, en fer forgé, et à son toit de tuiles blanches et bleues.

Sur les vitraux de la chapelle, le cactus à palettes garnies, fleurissant jaune et rouge, illustre de façon originale le thème symbolique de l'Arbre de vie.

à pied, par le chemin du Paradis, sentier muletier en zigzag débutant sur la route D3. À Vence, la cathédrale, fermée par une enceinte datant du Moyen Âge, contient un mobilier précieux. À Saint-Paul-de-Vence, c'est en faisant le tour de l'enceinte et en suivant le chemin de ronde que l'on appréciera un panorama exceptionnel sur toute la région.

Au Xe siècle, période de raids sarrasins en Provence, les habitats dispersés de la plaine se regroupent sur des sites défensifs. Ainsi les Grassois se réfugient-ils sur cet énorme rocher de tuf (calcaire très poreux).

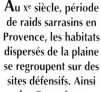

Marché de Vence.

Aménagés au XVIIe siècle, les jardins du château de Gourdon furent restaurés à partir de 1974. Selon la tradition cisalpine des jardins architecturés, aucune plante à fleur n'est admise sur ce

tapis vert encadré par des buis taillés, sinon les espèces qui s'ensemencent spontanément. Terrasse d'honneur, jardin d'apothicaire et jardin italien se visitent toute l'année.

Vence   *Saint-Paul-de-Vence*   *Le Var*

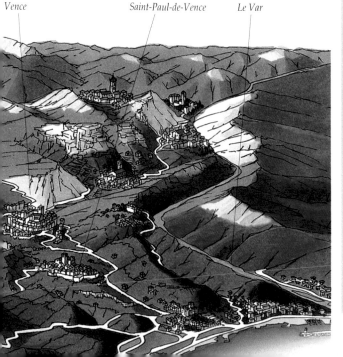

De fabrication fermière, artisanale ou industrielle, dans le Nord comme dans le Sud, le *brocciu* utilise du lait de brebis ou de chèvre.

Après avoir porté à 50 °C 5 l de petit-lait, on y ajoute 1 l de lait entier qu'on chauffe dans un chaudron jusqu'à 75 °C. Il se forme alors des grumeaux que l'on retire à l'aide d'une écumoire. Après quelques heures d'égouttage, le *brocciu* est prêt à être consommé.

CORSE DU SUD

Campée sur une presqu'île, Bonifacio domine la mer du haut de ses falaises blanches, qui s'étendent vers le sud jusqu'au cap Pertusato. En quittant Bonifacio, la route de Santa Manza (D58), creusée dans les falaises intérieures, fait apparaître les calcaires miocènes, avec lesquels les bergers construisaient leurs *baracconi*, abris qui rappellent les bories (cabanons) provençales. Jusqu'à Porto Vecchio, cité du sel pour les insulaires depuis le XIXᵉ siècle, la N198 dessert des plages et des baies sublimes. L'ascension de l'Ospedale, dont le sentier démarre avant le lac, offre un très beau panorama sur

Sotta

La brebis *Pecura corsa*, race locale.

Barrage de l'Ospedale

Baie de San Cipriano

Porto Vecchio

Castellu d'Arraggio

La région de l'Ospedale est le royaume du pin laricio ; autrefois, il couvrait l'essentiel des forêts corses. En raison de nombreux incendies, ce résineux cède progressivement la place au chêne-liège et au maquis.

les baies de Porto Vecchio et San Cipriano. Comme partout en Corse, les *pievi*, ou communautés, se sont modelées autour de la transhumance.
Dès les premières chaleurs, les bergers partaient en convoi vers les hauteurs.

Au sud de Bonifacio, le long des falaises, on découvre la grotte Saint-Antoine. Passé le Grain de sable, rocher éboulé de la falaise dans la mer, apparaissent les vestiges des batteries qui défendaient la côte.

Lac de
Serre-Ponçon

La rivière de l'Ubaye prend sa source aux confins de la frontière franco-italienne ; elle a creusé une vallée de 60 km de long. Ses eaux rejoignent la Durance dans le lac formé par le barrage de Serre-Ponçon.

À partir de 1860, les riches négociants revenus du Mexique firent bâtir leurs villas et tombeaux à Barcelonnette.

Dans la vallée de l'Ubaye, le génépi est présent sous forme de trois variétés, dont deux peuvent être consommées ; en infusion, elles soulagent les rhumes et facilitent la digestion.

Lac de Serre-Ponçon

Saint-Vincent-les-Forts

ALPES-DE-HAUTE-PROVENCE

La vallée de l'Ubaye, située au cœur de grands réseaux d'échange européens entre Italie et Espagne, développe dès le XIVe siècle une économie de colportage. À la suite de nombreux conflits entre Français et Savoyards, Louis XIV chargera Vauban d'améliorer le système défensif français le long des Alpes, et notamment

Pic de Morgon

Le bleu turquoise si particulier du lac d'Allos est lié à la température, toujours très basse, et à la pauvreté de l'air en oxygène, qui interdisent à la plupart des micro-organismes et des plantes de s'y développer.

Barcelonnette

Tournoux

Fort de Tournoux

L'essentiel des fortifications actuelles date du XVIIe siècle et de Vauban.

À Saint-Vincent-les-Forts, Vauban fit construire le fort Joubert (ne se visite pas) afin de protéger la France contre les Piémontais.

Les Alpes-de-Haute-Provence conservent un élevage important sur les plateaux et massifs préalpins ; il est souvent composé de troupeaux de taille modeste, et les transhumances sont effectuées à pied vers des alpages proches.

les places fortes de Sisteron, Seyne-les-Alpes, Saint-Vincent-les-Forts, Colmars-les-Alpes et Entrevaux. Enfin, une frontière dressée entre l'Ubaye et le Piémont instaure au XVIIIe siècle un nouveau commerce de tissus sur le Rhône et en Provence. Au XIXe siècle, la crise du textile survient en France ; cinq mille habitants de l'Ubaye partiront chercher fortune au Mexique, entre 1821 et 1930, en y important leur savoir-faire.

BLOIS ET CHAMBORD

La douceur du relief, du climat et de la lumière du Pays de la Loire attira, à la fin de la guerre de Cent Ans, les rois et leurs courtisans. Ainsi, lorsque Louis XII fit de Blois la capitale politique de la France, en 1498, son château natal fut reconstruit et de somptueux jardins furent aménagés. François Ier, qui lui succédera en 1515,

Le château de Chambord reste d'inspiration médiévale, bâtiment central carré cantonné de quatre tours ; il doit à la Renaissance la richesse de sa décoration, empruntée à l'Italie classique.

Bracieux

À Chambord, le château s'organise autour du grand escalier, tour de force technique, car il permet à deux personnes de monter ou de descendre sans jamais se rencontrer (tour-lanterne, qui coiffe l'escalier, ci-dessus).

Saint-Dyé-sur-Loire

Château de Chambord

Château de Villesavin

Fontaines-en-Sologne

François Ier fait appel à Léonard de Vinci pour exécuter les maquettes d'architecture de Chambord.

Cul-de-lampe sur la façade de l'aile Louis-XII, à Blois.

rapportera de ses campagnes en Italie l'esprit de la Renaissance, et transformera à son tour Blois. Mais c'est à Chambord que toute la grandeur du souverain, qui commande lui-même les travaux, s'exprimera. Avec ses 33 km ininterrompus de murs d'enceinte, le domaine de Chambord (5 433 ha) est aujourd'hui le plus grand parc forestier clos d'Europe.

Escalier François-Ier, à Blois, par lequel on accède aux appartements royaux.

Neuvy

Bauzy

Colmar

ALSACE

Malgré les aléas
d'une histoire
mouvementée,

Colmar renferme
un important centre
historique. Dans
le quartier de
la Kruteneau, la rue
des Poissonniers
mène à la «Petite
Venise» (ci-dessus).

Le massif
des Vosges.

La région de
Riquewihr possède
les meilleurs crus
d'Alsace.

La route des vins, qui traverse plus de cent villages typiques d'Alsace, est l'occasion pour toute la famille de découvrir de nombreuses richesses méconnues et divertissantes. Les vieux quartiers de Ribeauvillé, Riquewihr et Colmar, la visite du château du Haut-Kœnigsbourg, ou encore les parcs d'attractions pour les enfants (la Montagne des singes, la Colline des aigles et l'écomusée d'Ungersheim) prouvent que l'Alsace est une des grandes régions touristiques de France. Des sentiers balisés à travers le vignoble permettent de découvrir la beauté naturelle des contreforts vosgiens.

La cigogne blanche nichait en nombre élevé, en Alsace, jusque dans les années 1960. Suite à sa disparition progressive, un centre de reproduction en captivité a été créé dans le parc des Cigognes et Loisirs de Kintzheim. À leur maturité, à l'âge de 3 ans, les jeunes sont remis en liberté.

Le château du Haut-Kœnigsbourg, juché à 720 m d'altitude, domine les vallées de Villé et de Sainte-Marie-aux-Mines.

Mulhouse

Ungersheim

Eguisheim

Turckheim

Colmar

Ammerschwihr

Kientzheim

Riquewihr

Hunawihr

Ribeauvillé

Bergheim

Saint-Hippolyte

Haut-Kœnigsbourg

Évitez
de trembler,

de mal cadrer

un personnage

ou plusieurs...

Rectifiez
la ligne d'horizon.

Enlevez le bouchon
de l'objectif,
avant de déclencher.

VOS PHOTOS

Faire des photos de vacances
réussies n'est
pas seulement
une question
de technique et
d'appareil : il faut de
l'astuce, de l'humour et
un brin de mise en scène pour
rapporter de ses vacances
un reportage inoubliable...

tout en exerçant son œil de
photographe. En matière de
portraits, les séries sont
toujours amusantes : tentez
les portraits à chapeau ou,
inversement, saisissez les
pieds, qui évoqueront à leur
façon les activités en cours.
Faites de petits reportages
sur une action précise.

Photo en
contre-plongée

Photo en plongée

Choisissez paysage
ou personnage.

Ne le faites ni fuir

... ni pleurer à
cause du soleil.

Ôtez votre doigt
de l'objectif.

1. Avoir les skouarn'abavanchou (Bretagne)
a. Avoir des pieds boueux
b. Avoir les oreilles décollées
c. Baver comme un bébé

2. Genouiller (Normandie)
a. Soigner les jambes d'un cheval
b. Avoir les genoux flageolants à cause de l'ivresse
c. Marcher à quatre pattes

3. Attraper un plat (Alsace)
a. Manger goulûment
b. Avoir un pneu crevé
c. Recevoir une claque

Bon voyage, monsieur Dumollet

Refrain
Bon voyage, monsieur Dumollet,
À Saint-Malo, débarquez sans naufrage
Bon voyage, monsieur Dumollet,
Et revenez si le pays vous plaît.

Mais si vous allez voir la capitale,
Méfiez-vous des voleurs, des amis,
Des billets doux, des coups, de
*   la cabale,*
Des pistolets et des torticolis.

Là, vous verrez, les deux mains
*   dans les poches,*
Aller, venir des sages et des fous,
Des gens bien faits, des tordus,
*   des bancroches,*
Nul ne sera jambé si bien que vous.
*   [...]*
L'air de la mer peut vous être
*   contraire,*
Pour vos bas bleus, les flots sont
*   un écueil ;*
Si ce séjour venait à vous déplaire,
Revenez-nous avec bon pied, bon œil.

4. Tataragne (Auvergne)
a. Toile d'araignée
b. Galette de pommes de terre
c. Vieille femme méchante

5. Marcher sur la queue du loup (Languedoc)
a. Fanfaronner
b. Déclencher des catastrophes
c. Se réveiller de mauvaise humeur

6. Baignassout (Charentes)
a. Huître
b. Touriste
c. Petit gâteau frit

29

1. Brebis *Pecura corsa*

2. Berger

3. *Ferrade*

4. Dessin de Matisse

5. François Ier

6. Citron

7. Amphithéâtre

8. Joueur d'aluette

9. Fort Joubert

10. Pilote de planeur

11. Escalier François Ier

12. Maison basque

13. Bourrine

14. Statue d'Auguste

15. Chaland ostréicole

16. Fort de Colmars

D'OÙ VIENNENT-ILS?

Vous êtes passé dans tous ces endroits, vous avez vu ces personnages, ces monuments... mais nous avons brouillé les pistes. Retrouvez la page d'origine des vingt-neuf éléments

dissimulés dans ce paysage.
Pendant les vacances, vous
pouvez aussi collecter des
documents : cartes postales,
dépliants touristiques, tickets,
coupures de journaux... En
rentrant, vous ferez un grand
collage en y incorporant
vos photos.

elf

LE 3615 ELF EST À VOTRE SERVICE

VOTRE ITINÉRAIRE

Avant de partir, choisissez votre parcours en fonction
de vos envies, de vos préférences et du temps dont vous disposez :
- Itinéraires directs : calculez le kilométrage
de votre trajet, le prix des péages…
- Itinéraires buissonniers : ponctuez votre route d'étapes et de visites…
En chemin, vous pourrez vous arrêter dans les stations ELF et ANTAR
afin de compléter au plus vite votre collection !

VOTRE MÉTÉO

En route ou sur votre lieu de séjour, en montagne,
à la campagne ou au bord de la mer, vous pouvez consulter
toutes les informations météorologiques concernant votre région :
la température extérieure (les écarts entre haute et basse altitude sont signalés),
la température de l'eau, la force des vents, les heures et les coefficients
des marées, ainsi que la météo marine au large des côtes.

**GAGNEZ DES MILLIERS DE CADEAUX
INFORMEZ-VOUS SUR LE SERVEUR
VOCAL ELF !**
Au **36 68 1 2 4 6**
24h/24, 7j/7 (2,19 F la minute)

ISBN 2-74240285-3 © Nouveaux-Loisirs 1995
Dépôt légal : juin 1995. Imprimé en Italie.